我不浪費

U0114892

新雅文化事業有限公司
www.sunya.com.hk

小跳豆
幼兒德育故事系列

跟着跳跳豆和糖糖豆一起養成良好品格

父母在孩子的幼兒時期，培養他們的道德品質是極為重要的。因為這時期的孩子還不能很好地控制自己的行為，他們可能常常會為了一些小事爭吵，亂發脾氣；和別人相處時，不講禮貌；做錯了事，不敢承認等等。這時候，我們應該怎樣幫助孩子建立良好的行為，樹立高尚的品德呢？

《小跳豆幼兒德育故事系列》共 6 冊，透過跳跳豆和糖糖豆的日常生活經歷，帶領孩子學會誠實、不爭吵、關心別人、不發脾氣、不驕傲和不浪費，進而讓他們明白待人處事的方法。

書後設有「親子小遊戲」，以有趣的形式幫助孩子判斷行為的對錯。「培養品德小貼士」提供一些實用性建議予家長，有效地幫助孩子養成良好的品格。

在日常生活中，父母也應為孩子樹立好的榜樣，關心他人，對他人有禮貌等，孩子在耳濡目染下自然也會養成良好的品德。

新雅・點讀樂園 升級功能

讓親子閱讀更有趣！

　　本系列屬「新雅點讀樂園」產品之一，若配備新雅點讀筆，爸媽和孩子可以使用全書的點讀和錄音功能，聆聽粵語朗讀故事、粵語講故事和普通話朗讀故事，亦能點選圖中的角色，聆聽對白，生動地演繹出每個故事，讓孩子隨着聲音，進入豐富多彩的故事世界，而且更可錄下爸媽和孩子的聲音來說故事，增添親子閱讀的趣味！

　　「新雅點讀樂園」產品包括語文學習類、親子故事和知識類等圖書，種類豐富，旨在透過聲音和互動功能帶動孩子學習，提升他們的學習動機與趣味！

想了解更多新雅的點讀產品，請瀏覽新雅網頁（www.sunya.com.hk）或掃描右邊的QR code進入 新雅・點讀樂園 。

如何使用新雅點讀筆閱讀故事？

1. 下載本故事系列的點讀筆檔案

① 瀏覽新雅網頁(www.sunya.com.hk) 或掃描右邊的QR code 進入 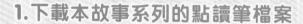 。

② 點選 下載點讀筆檔案 ▶ 。

③ 依照下載區的步驟說明，點選及下載《小跳豆幼兒德育故事系列》的點讀筆檔案至電腦，並複製至新雅點讀筆的「BOOKS」資料夾內。

2. 啟動點讀功能

開啟點讀筆後，請點選封面右上角的 新雅·點讀樂園 圖示，然後便可翻開書本，點選書本上的故事文字或圖畫，點讀筆便會播放相應的內容。

3. 選擇語言

如想切換播放語言，請點選內頁右上角的 粵☆普 圖示，當再次點選內頁時，點讀筆便會使用所選的語言播放點選的內容。

4.播放整個故事

如想播放整個故事，請直接點選以下圖示：

5.製作獨一無二的點讀故事書

爸媽和孩子可以各自點選以下圖示，錄下自己的聲音來說故事！

1 先點選圖示上 爸媽錄音 或 孩子錄音 的位置，再點 OK，便可錄音。

2 完成錄音後，請再次點選 OK，停止錄音。

3 最後點選 ▶ 的位置，便可播放錄音了！

4 如想再次錄音，請重複以上步驟。注意每次只保留最後一次的錄音。

糖糖豆和小紅豆，
是一對好同學，
也是好朋友。
有時放學後，
她們會一起做功課。

這天，小紅豆到糖糖豆家做功課，
糖糖豆準備抄寫生字。
她見生字簿只剩下幾頁，
就開了一本新的，不用舊的了。

糖糖豆一邊寫字，
一邊喝橙汁，
一不小心，
弄髒了新的生字簿，
便說：「這麼髒，真難看！
不要了！」

小紅豆看着糖糖豆扔掉的
新生字簿，説：
「這本生字簿是新的啊，
丟了真可惜！」

小紅豆問：
「可以把這本生字簿送給我嗎？」
雖然糖糖豆覺得很奇怪，
但還是把生字簿送給了小紅豆。

第二天，糖糖豆到小紅豆家
做功課。
「咦？你在做什麼呀？」
糖糖豆好奇地問。

「我在畫畫啊！」小紅豆說。
「這輛車子是你自己畫的？
畫得真像！」
糖糖豆拍手稱讚說。

「畫好了！
這輛車子送給你吧！」
小紅豆說。

糖糖豆問：

「這幅畫送給了我，那你呢？」

小紅豆笑着説：

「請跟我到睡房看看吧！」

小紅豆取出一大疊圖畫，
說：「你看！」
「啊！原來你畫了這麼多！
要用很多畫紙呢！」
糖糖豆驚奇地說。

小紅豆對糖糖豆說：
「我喜歡畫畫，
常常把舊練習簿剩下的
紙張拿來畫。」
糖糖豆說：
「原來如此。那樣就不會
造成浪費了呢！」

糖糖豆看着小紅豆的圖畫，説：
「那些畫很漂亮啊！
這本畫簿也很好看呢！」
小紅豆説：「你不認得了嗎？
這就是你不要的生字簿啊！」
糖糖豆聽了，感到很慚愧，
她以後再也不會浪費資源了。

小朋友，你知道怎樣做才不會造成浪費嗎？請在適當的□內加 ✔。

A.

當沒有人看電視時

1. 關掉電視機，節約用電。□

2. 不去管它。□

B.

當衣服再不合身時

1. 把衣服丟掉。□

2. 送到慈善機構去，幫助有需要的人。□

答案：A-1，B-2

培養品德小貼士

如何讓孩子養成節約、不浪費的好習慣？

🫘 父母要從小教導孩子養成節約的習慣，並時刻以身作則，同時還要做到「有心」，從節約一張紙、一滴水、一件玩具做起。告訴孩子，房間裏沒有人時要隨手關燈；沒有人看電視時，要關上電視機；每天吃飯時要將碗裏的飯菜吃乾淨等等。只有從小事做起，才能培養孩子的責任感和勤儉節約的優良品格。

🫘 父母平時還可以和孩子一起，合理地利用廢舊物品，比如可用汽水罐做花籃，用沒用完的舊本子畫畫、摺紙等。這樣既可以培養孩子節約、不浪費的好習慣，又可以讓孩子發揮創意，真是一舉兩得呢！

小跳豆幼兒德育故事系列
我不浪費

原著：秋千

改編：新雅編輯室

繪圖：何宙樺

責任編輯：趙慧雅

美術設計：鄭雅玲

出版：新雅文化事業有限公司

香港英皇道499號北角工業大廈18樓

電話：(852) 2138 7998

傳真：(852) 2597 4003

網址：http://www.sunya.com.hk

電郵：marketing@sunya.com.hk

發行：香港聯合書刊物流有限公司

香港荃灣德士古道220-248號荃灣工業中心16樓

電話：(852) 2150 2100

傳真：(852) 2407 3062

電郵：info@suplogistics.com.hk

印刷：中華商務彩色印刷有限公司

香港新界大埔汀麗路36號

版次：二〇二一年五月初版

二〇二三年六月第三次印刷

版權所有 · 不准翻印

ISBN: 978-962-08-7688-2

© 2021 Sun Ya Publications (HK) Ltd.

18/F, North Point Industrial Building, 499 King's Road, Hong Kong

Published in Hong Kong SAR, China

Printed in China